DER NEUE SPORTPLATZ

Die PAW Patrol hat sich auf ihrem Trainingsplatz versammelt. Die Fellfreunde müssen trainieren, denn sie werden an einem besonderen Sporttag in verschiedenen Disziplinen gegen Mara das Affenkind und ihre Familie antreten. Gemeinsam wollen sie mit dem Turnier Geld für ein neues Zirkuszelt sammeln.

Chase spielt den Ball zu Skye, …

die den Ball zu Marshall passt …

Marshall springt hoch zum Kopfball …

und plumpst, ohne den Ball zu treffen, auf den Boden.

AUTSCH!

Der Zirkusdirektor ruft Ryder auf seinem PAW-Pad an. Im Hintergrund hört Ryder das Kichern von Mara und ihrer Familie.

„Meine supersportlichen Affen und ich kommen bald in der Abenteuerbucht an. Bis gleich!", ruft der Zirkusdirektor ins Telefon.
Ryder trommelt die Fellfreunde auf dem Trainingsplatz zusammen.

„Okay, PAW Patrol! Lasst die Spiele beginnen! Aber erst müssen wir alles zum Sportplatz rüberbringen", feuert Ryder die Helfer auf vier Pfoten an.

In dem Moment klingelt Ryders PAW-Pad. Bürgermeisterin Gutherz ruft ihn an.

„Hallo, Ryder! Ich habe schlechte Nachrichten", sagt die Bürgermeisterin. „Die Sprinkleranlage auf dem Sportplatz war die ganze Nacht an. Jetzt ist alles schlammig und rutschig. Ihr könnt dort nicht spielen!"

„Kein Problem, wir finden einen anderen Platz", antwortet Ryder. „PAW Patrol, zum PAW Patroller!"

„Wir brauchen einen neuen Sportplatz", erklärt Ryder den Fellfreunden im PAW Patroller. „Vielleicht kann Bauer Alfred uns helfen?"

Sofort ruft er ihren Freund auf dem Bauernhof an und erzählt ihm von der Sportveranstaltung.

„Meine Schafe und ich leihen euch gerne die Weide für diese besonderen Spiele", meint Bauer Alfred. „Leider ist die Weide im Moment voller Gras und Steine …"

„Darum kümmern wir uns", meint Ryder. „Bring deine Schafe nur sicher zurück in die Scheune."

„Ich helfe euch gerne", sagt Bauer Alfred.

„Määääh", macht eines der Schafe.

Ryder ruft die passenden Fellfreunde für diese Mission zusammen.

„Rubble, wir brauchen dich und deinen Bagger, um die Weide platt zu walzen und das Spielfeld zu bauen. Marshall, du kannst mit deinen Düsen die Farbe für die Spielfeldmarkierung auftragen", sagt Ryder.

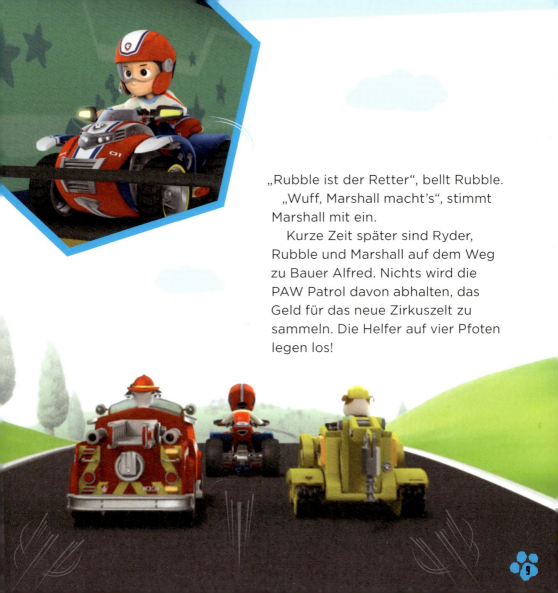

„Rubble ist der Retter", bellt Rubble.
„Wuff, Marshall macht's", stimmt Marshall mit ein.
Kurze Zeit später sind Ryder, Rubble und Marshall auf dem Weg zu Bauer Alfred. Nichts wird die PAW Patrol davon abhalten, das Geld für das neue Zirkuszelt zu sammeln. Die Helfer auf vier Pfoten legen los!

Sobald die Helfer auf vier Pfoten an der Weide angekommen sind, macht Rubble sich an die Arbeit. Es ist ganz schön mühsam, den gesamten Boden umzugraben, damit ein Sportplatz gebaut werden kann.

„Es wird eine Weile dauern, bis ich jeden dieser Steine weggeschafft habe", warnt Rubble Ryder.

Ryder grübelt kurz und hat dann einen neuen Plan. Zuerst ruft er den Zirkusdirektor an.
   „Können Ihre Affen Brennball spielen?", fragt Ryder den Zirkusdirektor.

„Natürlich", antwortet der Zirkusdirektor. „Meine sportlichen Affen können absolut jede Art von Ballsport spielen!"

   Ryder legt auf und dreht sich zu Rubble um.
   „Wir bauen ein Brennballfeld, das ist einfacher", erklärt er dem Bau-Experten der PAW Patrol.
   „Schaufel los!" Rubble lacht und macht sich ans Werk.

Sobald das Spielfeld fertig umgegraben ist, soll Marshall die Spielfeldlinien mit seinem Schlauch fein säuberlich auf den Boden spritzen.

„Wuff, wuff, Farbdüsen!", bellt Marshall und die Düsen schießen aus seinem Rucksack. Währenddessen kramt Rocky in seinem Recyclingtruck und findet die perfekten Kacheln für die Stationen an den Ecken des Spielfelds.

Der Zirkusdirektor und seine supersportliche Affenmannschaft treffen an dem neuen Brennball-Spielfeld ein. Dank der PAW Patrol ist alles bereit für das besondere Spiel. Auch Bürgermeisterin Gutherz und Hennrietta wollen sich das Spiel zugunsten eines neuen Zirkuszelts nicht entgehen lassen und sind mitgefahren.

„Viel Spaß und ein gutes Spiel für alle!", wünscht die Bürgermeisterin den beiden Mannschaften.

„Jetzt spielen wir Ball!", ruft der Zirkusdirektor begeistert.

Die PAW Patrol schießt die Bälle raketenschnell über das Feld.

Von Spielbeginn an zeigen die PAW Patrol und die flinken Zirkusaffen ihr beeindruckendes Können mit dem Ball.

Die Affen zeigen coole Zirkustricks.

Aus der Scheune schauen Bauer Alfreds Schafe staunend dem bunten Treiben auf ihrer Weide zu. Ein kleines Lamm läuft sogar auf das Spielfeld, um mitzuspielen!

Das Spiel läuft super, aber dann entdeckt ein Adler hoch oben am Himmel den lustigen, hüpfenden Ball. Der Adler rast im Sturzflug herunter auf das Spielfeld, schnappt sich den Ball mit seinen Krallen und verschwindet in Windeseile wieder. Die PAW Patrol kann nichts mehr machen.

„Was für ein dreister Vogel, klaut einfach unseren Ball!", kreischt Bürgermeisterin Gutherz.

Ryder folgt dem fliegenden Adler mit dem Blick durch sein Fernglas.
„Er fliegt zurück in sein Nest hoch oben auf dem Berg", berichtet Ryder den Fellfreunden. „Skye, wenn du mit dem Helikopter hoch zum Berg fliegst und den Adler ablenkst, kann Everest mit ihrem Wurfhaken den Berg erklimmen und den Ball zurückholen."

„Ja, ich bin der Flughund!", bellt Skye und schaut ängstlich hoch zum Berg. „Auch in Adlernähe ..."

„Weg von zu Haus', kenn ich mich aus", stimmt Everest mit ein und fährt in Richtung der Berge.

„Die Pfotenmission geht los!", sagt Ryder und macht sich mit Skye und Everest auf den Weg.

Die Fellfreunde fahren bis zum Fuß des Berges. Von hier geht es für Skye hoch in der Luft weiter und Everest macht sich bereit für den Aufstieg auf den Berg.

„Skye, sorge dafür, dass der Adler nur noch dich im Blick hat und nicht mehr Everest", sagt Ryder und Skye macht sich mit ihrem Helikopter auf den Weg.

„Komm schon, Adler, versuch mich zu fangen!", ruft Skye mutig, als sie hoch oben am Nest ankommt. „Aber versuche es nicht allzu sehr, dein Schnabel ist ja riesig ..."

„Wuff, wuff, Wurfhaken!", bellt Everest und klettert außer Sichtweite für den Adler auf den Berg.

Oben am Nest angekommen wartet eine Überraschung auf Everest. „Hier sind zwei Adlerjunge, die mit unserem Ball spielen", berichtet sie Ryder und Skye. „Wir können ihnen nicht einfach das Spielzeug wegnehmen."

„Wir können den Ball gegen meine Aufziehmaus tauschen", schlägt Skye vor und fliegt nah an das Nest heran, um ihr Spielzeug im Nest abzulegen.

Die beiden Küken freuen sich über ihr neues Spielzeug. Everest stupst den Ball an und er rollt den Berg hinunter zu Ryder.
„Super gemacht", lobt Ryder die beiden. „Und es ist wirklich nett von dir, dass du dein Spielzeug abgegeben hast, Skye."

Sofort machen Ryder, Skye und Everest sich auf den Weg zurück zum Spielfeld.
„Hier habt ihr den Ball zurück!", ruft Ryder und lässt den Ball auf das Feld hüpfen.
Marshall ist an der Reihe und ihm gelingt ein super Wurf. Die PAW Patrol gewinnt das Spiel!

Aber den Affen macht es nichts aus, dass sie verloren haben, denn gemeinsam haben die beiden Mannschaften genug Geld für ein neues Zirkuszelt gesammelt.

„Tausend Dank an Ryder und die PAW Patrol!", jubelt der Zirkusdirektor. „Ihr habt das Spiel gerettet. Und damit auch unser neues Zirkuszelt!"

„Kein Problem! Hilfe holen ist ganz leicht, ein Anruf reicht", sagt Ryder lachend.

„Wuff, wuff! Und das war ein Ruf nach leckerem Futter", bellt Marshall.

Ryder verteilt Hundekuchen an die PAW Patrol und Bananen an die Affen. Heute ist jeder ein Gewinner!